AUTOS RÁPIDOS/FAST CARS

PORSCHE

PORSCHE

por/by Lisa Bullard

Consultora de lectura/
Reading Consultant:
Barbara J. Fox
Reading Specialist
North Carolina State University

Consultor de contenidos/
Content Consultant:
James Elliott
Editor
Classic & Sports Car magazine

Capstone
press

Mankato, Minnesota

Blazers is published by Capstone Press,
151 Good Counsel Drive, P.O. Box 669, Mankato, Minnesota 56002.
www.capstonepress.com

Library of Congress Cataloging-in-Publication Data
Bullard, Lisa.
    [Porsche. Spanish & English]
    Porsche / por Lisa Bullard = Porsche / by Lisa Bullard.
    p. cm. — (Blazers) (Autos rápidos = Fast cars)
    Includes index.
    Summary: "Simple text and colorful photographs describe the history and
models of the Porsche — in both English and Spanish" — Provided
by publisher.
    ISBN-13: 978-1-4296-3268-3 (hardcover)
    ISBN-10: 1-4296-3268-2 (hardcover)
    1. Porsche automobile — Juvenile literature. I. Title.
TL215.P75B8518 2009
629.222'2 — dc22   2008034500

Editorial Credits
Erika L. Shores, editor; Katy Kudela, bilingual editor; Strictly Spanish,
    translation services; Biner Design, book designer; Bobbi J. Wyss, designer;
    Jo Miller, photo researcher

Photo Credits
Alamy/Phil Talbot, 12–13
AP/Wide World Photos/Porsche AG, 4–5, 6, 15 (bottom), 21
Corbis/Bettmann, 8–9, 14 (bottom); Car Culture, 28–29; Kenneth James, 18;
    Peter Harholdt, 23 (top)
Getty Images Inc./Bongarts/Christof Koepsel, 7
Rex USA/Tony Kyriacou, 11, 14 (top)
Ron Kimball Stock/Ron Kimball, cover, 15 (top), 16–17, 23 (bottom), 24–25,
    26–27

Essential content terms are ***bold*** and are defined at the
bottom of the page where they first appear.

1 2 3 4 5 6 14 13 12 11 10 09

TABLE OF CONTENTS

TABLA DE CONTENIDOS

EVERYDAY SPORTS CAR/ UN AUTO DEPORTIVO PARA TODOS LOS DÍAS

Cars, SUVs, and trucks cruise down the freeway. One hot sports car catches every eye. A stylish Porsche stands out in a crowd.

Autos, vehículos utilitarios deportivos y camiones viajan por la autopista. Un excitante auto deportivo llama la atención. Un Porsche con estilo se destaca entre la multitud.

Speedy Porsches shine on the race track. But Porsche also makes *production cars* for everyday driving. Porsche drivers say their cars are more reliable and comfortable than other sports cars.

Los veloces Porsches se lucen en la pista de carreras. Pero Porsche también hace *autos de producción* para uso diario. Los conductores de Porsche dicen que sus autos son más confiables y cómodos que otros autos deportivos.

Porsche Carrera GT/Porsche Carrera GT

Porsche Carrera Cup race/
Copa Porsche Carrera

fast fact

The Porsche Carrera GT, built
from 2004 to 2006, is a supercar.
It can reach a stunning speed of
205 miles (330 km) per hour.

dato rápido

El Porsche Carrera GT, fabricado entre
los años 2004 y 2006 es un súper auto.
Puede llegar a la impresionante velocidad
de 205 millas (330 km) por hora.

SPORTS CAR FAME/ FAMA DE AUTO DEPORTIVO

Ferdinand Porsche started the Porsche company in Germany in the 1930s. The company released its first production car, the Porsche 356, in 1948.

Ferdinand Porsche creó la compañía Porsche en Alemania durante la década de 1930. La compañía sacó a la venta su primer auto de producción en 1948: el Porsche 356.

In 1964, Porsche's most famous car hit the streets. The 911 has a rear-mounted engine. The air-cooled engine of the first 911 produced 148 *horsepower*.

En 1964 el auto más famoso de Porsche estaba en la calle. El 911 tiene el motor en la parte trasera. El motor enfriado por aire del primer 911 producía 148 *caballos de fuerza*.

horsepower — a unit for measuring an engine's power

---

caballo de fuerza — unidad para medir la potencia de un motor

fast fact

Porsche continues to improve the 911. The company sells 13 different 911 models today.

dato rápido

Porsche continúa mejorando el 911. Hoy en día, la compañía vende 13 modelos diferentes del 911.

The first front-engined Porsche hit the streets in 1975. At first, the Porsche 924 was supposed to be a Volkswagen. Porsche bought the design and added its own features to make it a Porsche.

El primer Porsche con motor en la parte
delantera salió a la calle en 1975. Inicialmente,
el Porsche 924 iba a ser un Volkswagen. Porsche
compró el diseño e incorporó las características
propias para convertirlo en un Porsche.

PORSCHE TIMELINE/LÍNEA DEL TIEMPO DE PORSCHE

A smaller and less expensive Porsche began production in 1996. More drivers could afford the Porsche Boxster convertible. It cost nearly $30,000 less than some Porsche models.

Production begins on Porsche 911./Empieza la producción del Porsche 911.

1964

1948

1974

The first 911 Turbo is released./Sale a la venta el primer 911 Turbo.

Porsche 356 is introduced./Se presenta al mercado el Porsche 356.

En 1996, empezó la producción de un Porsche más pequeño y menos caro. Un mayor número de conductores podría pagar el Porsche Boxster descapotable. Costaba casi $30,000 menos que otros modelos de Porsche.

The Porsche 911 Carrera 4 hits the streets./El Porsche 911 Carrera 4 sale a la venta.

1988

Porsche Carrera GT is released./El Porsche Carrera GT sale a la venta.

2004

1996

Porsche Boxster is introduced./Se presenta al mercado el Porsche Boxter.

TURBOCHARGED!/ ¡TURBOCOMPRESOR!

The 2007 Porsche 911 Turbo is the most powerful 911 on the road. Two *turbochargers* push the car to a top speed of 193 miles (310 km) per hour.

El Porsche 911 Turbo de 2007 es el 911 más poderoso de la carretera. Dos *turbocompresores* impulsan el auto a una velocidad máxima de 193 millas (310 km) por hora.

turbocharger — a system that forces air through an engine to make a car go faster

turbocompresor — sistema que fuerza el paso del aire a través del motor para lograr que el auto alcance una velocidad más alta

The 911 Turbo is also known for its massive brakes. At 60 miles (97 km) per hour, the car comes to a complete stop in 99 feet (30 meters) with a touch of the brakes.

El 911 Turbo también es famoso por sus masivos frenos. Con tan sólo tocar los frenos, el auto que va a la velocidad de 60 millas (97 km) por hora, se detiene por completo en una distancia de 99 pies (30 metros).

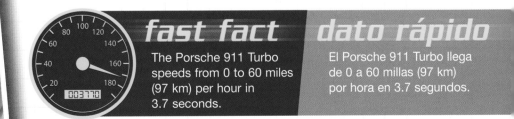

fast fact

The Porsche 911 Turbo speeds from 0 to 60 miles (97 km) per hour in 3.7 seconds.

dato rápido

El Porsche 911 Turbo llega de 0 a 60 millas (97 km) por hora en 3.7 segundos.

The Porsche 911 Turbo zooms flawlessly through every turn. A system in the car keeps track of driving conditions. The system decides whether to send more power to the front or back wheels.

El Porsche 911 Turbo pasa a toda velocidad en cada vuelta, sin esfuerzo alguno. Un sistema mantiene un registro de las condiciones de manejo. El sistema determina si necesita dar más potencia a las ruedas delanteras o traseras.

SOMETHING OLD, SOMETHING NEW/ALGO VIEJO, ALGO NUEVO

Porsche is always adding technology to improve its cars. But the Porsche 911 look hasn't changed much over the years. It still has its famous teardrop shape.

Porsche siempre está añadiendo tecnología para mejorar sus autos. Sin embargo, el estilo del Porsche 911 no ha cambiado mucho con el paso de los años. Todavía mantiene su famoso estilo en forma de lágrima.

1980s Porsche 911 (top) 2007 Porsche 911 (bottom)/
Porsche de los 1980 (arriba) Porsche del 2007 (abajo)

Porsche added a new rear *spoiler* to many of its cars. The spoiler lies flat until the car reaches 75 miles (121 km) per hour. Then the spoiler pops up to keep the car from lifting off the road.

Porsche añadió un nuevo *alerón* trasero a muchos de sus autos. El alerón se mantiene en posición horizontal hasta que llega a la velocidad de 75 millas (121 km) por hora. Luego, el alerón se levanta para evitar que el auto se despegue de la carretera.

spoiler — a wing-shaped part attached to a sports car that helps improve the car's handling

alerón — pieza en forma de ala que se añade a un auto deportivo para mejorar el manejo del auto

PORSCHE DIAGRAM/ DIAGRAMA DEL PORSCHE

hood ornament/ adorno del capó

Xenon headlight /
faros de Xenón

magnesium wheel /
ruedas de magnesio

bumper /
parachoques

27

LOOKING AHEAD/ UNA MIRADA AL FUTURO

Today, Porsche builds other fast road machines, including the Cayenne sport utility vehicle. But nothing is likely to top the fame of the Porsche 911.

Hoy en día, Porsche fabrica otras clases de autos, que incluyen el Cayenne, un vehículo deportivo utilitario. Pero indudablemente, ninguno puede llegar a la fama del Porsche 911.

GLOSSARY

feature — an important part or quality of something

horsepower — a unit for measuring an engine's power

production car — a vehicle produced for mass-market sale

reliable — trustworthy and dependable

spoiler — a wing-shaped part attached to a sports car that helps improve the car's handling

technology — the use of science to do practical things, such as designing complex machines

turbocharger — a system that forces air through an engine to make a car go faster

INTERNET SITES

FactHound offers a safe, fun way to find educator-approved Internet sites related to this book.

Here's what you do:

1. Visit *www.facthound.com*

2. Choose your grade level.

3. Begin your search.

This book's ID number is 9781429632683.

FactHound will fetch the best sites for you!

GLOSARIO

el alerón — pieza en forma de ala que se añade a un auto deportivo para mejorar el manejo del auto

el auto de producción — vehículo que se produce para la venta masiva en el mercado

el caballo de fuerza — unidad para medir la potencia de un motor

la característica — parte o cualidad importante de algo

confiable — digno de confianza, seguro

la tecnología — aplicación de la ciencia para hacer cosas prácticas, tales como diseñar maquinaria compleja

el turbocompresor — sistema que fuerza el paso del aire a través del motor para lograr que el auto alcance una velocidad más alta

SITIOS DE INTERNET

FactHound te brinda una forma segura y divertida de encontrar sitios de Internet relacionados con este libro y aprobados por docentes.

Lo haces así:

1. Visita *www.facthound.com*

2. Selecciona tu grado escolar.

3. Comienza tu búsqueda.

El número de identificación de este libro es 9781429632683.

¡FactHound buscará los mejores sitios para ti!

INDEX

ÍNDICE